Wolfgang Fienhold

Goethe, Charlotte und ich

Erzählungen

PENDRAGON

Band 10
der Reihe Subito
Herausgegeben von Günther Butkus

Originalausgabe
Veröffentlicht im Pendragon Verlag
Günther Butkus, Bielefeld 1997

Lektorat: Anja Mennecke
Herstellung: Michael Baltus
Umschlag: Günther Butkus unter Verwendung
einer Zeichnung von Pedro Barrocal (Ausschnitt)
Satz: Pendragon Verlag auf Macintosh
Schrift: ITC Clearface
Druck: Fuldaer Verlagsanstalt
ISBN 3-929096-43-9
Printed in Germany

10

SUBITO

PENDRAGONS PLÖTZLICHE REIHE

Inhalt

Der Garten

„Schau mal, Schatz. Hier wird ein Gartengrundstück für nur 200.000 Mark angeboten."
„Ich dachte, wir wollen eine Eigentumswohnung kaufen."
„Ja, aber so eine Gelegenheit kann man sich eigentlich nicht entgehen lassen."
„Willst du anrufen?"
„Unbedingt."
Walter wählte die Nummer des Maklerbüros und machte auch gleich einen Termin aus. Sie fuhren in den Süden der Mainstadt und fanden nach einigem Suchen die Parzelle.
„Zwei der drei Grundstücke sind noch verpachtet", mit diesen Worten wurden sie von der vollschlanken Maklerin empfangen. „Aber den Pächtern ist bereits gekündigt worden. Falls Sie den gesamten Bereich nutzen wollen, steht dem nichts im Wege."
„Walter, mach langsam, wir wissen doch noch gar nicht, ob wir überhaupt ..." Sabine flüsterte, aber die Maklerin hatte jedes Wort verstanden.
„Sie müssen diesen Kauf als Freizeit- *und* Kapitalanlage sehen. In spätestens zehn Jahren wird sich der Quadratmeterpreis hier verdoppelt haben."
„Gutes Argument!" Walter war begeistert.
„Ich würde es gerne überschlafen." Sabines Begeisterung hielt sich in Grenzen.
„Da gibt es nichts zu überschlafen, wir können beide im Sommer hier draußen arbeiten und sogar schlafen. Das Blockhaus ist ideal."

„Wasseranschluß und Strom sind vorhanden, Sie können praktisch jeden Beruf von hier ausüben, und ein Funktelefon kostet nicht die Welt." Die Maklerin hatte leichtes Spiel, denn Walter war ohnehin überzeugt.
Nur Sabine warf ein:
„Die Eigentumswohnung können wir uns dann abschminken."
„Aufgeschoben ist nicht aufgehoben."
„Bei dir weiß man nie."
„Du hast gesagt, daß du Platz brauchst für deine Bildhauerei, und ich brauche Ruhe, um endlich meinen großen Roman fertigzustellen. Die Stadtwohnung mit ihrem ständigen Telefon- und Haustürgebimmel läßt einem ja keine Ruhe, zwei vernünftige Sätze hintereinander zu formulieren."
„Dein großer Roman ist ein Chimäre, du wirst nie einen großen Roman schreiben."
„Aber du wirst große Plastiken schaffen ..."
„Jedenfalls eher als du einen großen Roman schreibst."
„Zuerst werde ich den Kaufvertrag unterschreiben."
Die Maklerin überreichte einen Vorvertrag und man einigte sich auf einen Notariatstermin.
Walter und Sabine hatten das Grundstück an einem Sonntag im Dezember besichtigt. Ohne ihre gemeinsame Wohnung aufzulösen, zogen sie im Mai ins Blockhaus. Sabine mit sämtlichen Utensilien für ihre Arbeit. Er mit einem Laptop.

Die ersten Strahlen der Morgensonne weckten das Paar.
„Ist es nicht herrlich?" seufzte Walter und streckte sich.
„Ich glaube, es war wirklich ein guter Kauf."
Walter grinste stolz. Wenn Sabine ihm recht gab, war

er glücklich.
„Fängst du an?"
„Ja, gerne."
Sie packte ihre Sachen und verzog sich ins hinterste Ende des Gartens. Er stellte seinen Schreibcomputer auf den uralten runden Tisch und gab das Programm ein. Er eröffnete eine neue Datei, und damit begann das erste Problem; wie sollte er seinen Roman nennen? Wie verkürzt in der Datei ablegen? „Das Leben, der Tod und ich", gefiel ihm als Titel erst einmal recht gut. Er gab ein: „Lebtoich.wps".
Zufrieden goß er sich ein Glas Buttermilch mit Gin ein. Es gab wohl niemanden, der eine ähnliche Mischung trank. Sabine kam:
„Als erstes müssen wir einen Rasenmäher und einen Rechen kaufen, könntest du wohl zum Hobbymarkt fahren?"
„Du siehst doch, daß ich mitten in der Arbeit bin."
„Es ist besser, wir haben alles Nötige hier, bevor wir beide richtig an der Arbeit sind."
„Vielleicht hast du recht", seufzte er und fuhr los.
Als er mit den Sachen wiederkam, stand Sabine lachend mit ein paar Leuten vor der Hütte.
„Hallo, Walter. Das sind unsere Nachbarn, wir müssen unseren Einstand geben. Hast du Bier da?"
„Nur Buttermilch und Gin."
„Ich bin Peter", sagte der Mann.
„Ich bin Leila", sagte die Frau.
„Wir haben unser Grundstück schon zehn Jahre, es ist wirklich schön hier draußen. Übrigens, fünf Minuten von hier ist ein Supermarkt. Die haben da einfach alles."

Walter nickte und fuhr nochmals los.
Mit Bier und Crackern bepackt stieß er wieder zu den dreien, die inzwischen sehr laut lachten. Die Ginflasche war leer, die Buttermilch floß über seinen Laptop. Hastig stellte er die Einkäufe ab und griff sich ein Tuch. Während er zu retten versuchte, was zu retten war, griff das Trio ungerührt zum Bier und schwatzte weiter.
„Wir sind hier eine nette Gemeinschaft, feiern oft an den Wochenenden, aber ansonsten läßt jeder jedem seinen Frieden.“ Das war Peter.
Walter stellte fest, daß sein Laptop den Buttermilchanschlag überlebt hatte, und ging zu den anderen.
Leila fragte:
„Ich habe gehört, Sie sind Schriftsteller. Was schreiben Sie denn so?“
„Ach, so dies und das. Zur Zeit arbeite ich an meiner Autobiografie.“
„Oh, wie aufregend. Da müssen Sie aber schon viel erlebt haben, so jung wie Sie noch sind.“
„Ich werde bald fünfzig.“
„Das sieht man Ihnen aber nicht an.“ Sie zwinkerte ihn aufreizend an. Walter griff sich auch ein Bier. Heute würde er eh nichts mehr schreiben. Leila rückte im Laufe des Abends immer näher an ihn heran und löcherte ihn mit Fragen nach seiner Arbeit. Sabine hielt Peter einen Vortrag über Tinguely.
Gegen Mitternacht drehte Peter die Stereoanlage auf. Er hatte die Boxen direkt an den Zaun gestellt, so daß er von seinem Grundstück aus das von Walter und Sabine wunderbar beschallen konnte. Langsam gingen Bier und Cracker zur Neige.
„Wir haben noch einen Kasten in unserer Hütte“, mel-

dete sich Leila.
„Walter, bist du so gut und hilfst mir beim Tragen?"
Walter schwankte hinter ihr her. Er wollte gerade den Kasten schultern, als Leila ihre Arme um seinen Bauch legte:
„Hast du eigentlich gemerkt, daß Sabine scharf auf Peter ist?"
Walter schaute trübe auf sie herunter.
„Nein."
„Wäre doch nicht schlimm, ich bin ja auch scharf auf dich."
Sie versuchte ihn zu küssen. Er wand sich aus ihrer Umarmung, griff den Kasten mit der linken Hand und brummte:
„Laß uns rübergehen."
Widerwillig folgte sie ihm.
Walter erinnerte sich am nächsten Tag nicht mehr daran, wie sie alle ins Bett gekommen waren, und wie der Morgen geendet hatte. Jedenfalls war er neben Sabine aufgewacht.
Sie sah ihn munter an:
„Ich fahre in die Stadt, ein paar Einkäufe machen. Da kannst du ja endlich in Ruhe schreiben."
Der ironische Unterton fehlte erstaunlicherweise.
Walter war nicht unglücklich, jetzt konnte er richtig loslegen. Er winkte seiner Frau nach, und brachte den Computer in Position.
1. Kapitel ...
Weiter kam er nicht, denn Paul schob in diesem Moment sein Fahrrad durch das Gartentor.
„Wollte mir mal schnell eure Neuerwerbung begucken, toll, eine echte Oase. Habt ihr 'nen Grill?"

„Steht da hinten.“
„Hab’ ich mir gedacht, deshalb hab’ ich Würstchen und Brot mitgebracht. Komm, wir werfen das Ding mal an.“
Walter klappte den Laptop wieder zu.
„Ich hab’ sogar an Holzkohle und Zünder gedacht, gut gell?“
Paul war sichtlich stolz.
Schweigend aßen sie Hot Dogs.
„Kannst sicher prima arbeiten hier draußen.“
„Es geht so.“
Nach längerer Zeit merkte Paul, daß Walter heute nicht seinen besten Tag hatte.
„Na, dann will ich nicht länger stören und überlasse dich wieder deiner Arbeit. Ich schau bei Gelegenheit mal wieder rein.“
„Tu das, und danke fürs Essen.“
Bevor Walter auch nur eine Zeile geschrieben hatte, erschien Sabine auf der Bildfläche. Sie strahlte und hatte ein neues Kleid an:
„Wie findest du es?“
„Sehr schön.“
„Rate, wen ich in der Stadt getroffen habe!“
„Peter.“
„Woher weißt du das? Na, egal. Ich schlage vor, du mähst erst einmal den Rasen, und ich schneide die Rosen. Die haben es ebenso nötig wie der Rasen. Okay?“
„Okay.“
Walter schob den Mäher ungeschickt vor sich her.
– Sieht so der Roman meines Lebens aus? Bin ich schon so weit, daß ich nur noch auf Sabines Befehle reagiere? Sabine schläft mit Peter, das ist klar. Wahrscheinlich ist das Kleid eine Art Honorar gewesen. –

Wütend trat er gegen eine Distel. Der Distel bekam das besser als seinen nackten Füßen. Er sprang zurück und fiel über einen kleinen Apfelbaum.
„Scheißgarten“, brüllte er so laut, daß Sabine auf ihn aufmerksam wurde.
„Du stellst dich aber auch selten dämlich an, mein Lieber. Fast noch schlimmer als beim Schreiben.“
„Danke, du bist in jüngster Zeit wirklich hilfreich und aufmunternd.“
„Schon gut, ich geh' ja sowieso; will heute in den neuen 'Redford'.“
„Seit wann gehst du ins Kino?“
„Sei doch froh, daß ich dich ungestört arbeiten lasse!“
„Irgendwie habe ich im Hinterkopf, daß du hier auch arbeiten wolltest.“
„Das läuft mir nicht davon. Tschüs.“
– Peter, sie trifft sich wieder mit Peter. Ich werde meine Biografie von hinten anfangen, ja genau, ich werde mit dem heutigen Tag beginnen. –
Er rannte fast zu seinem Computer, doch da stand schon ein kleiner, dicker Mann und grinste ihn an:
„Entschuldigung. Ich bin durch die Hintertür gekommen. Ich wollte Sie nur fragen, ob Sie mir Ihren Rasenmäher leihen könnten. Meiner hat soeben seinen Geist aufgegeben.“
Walter überlegte kurz, ob er seinen Geist ebenfalls auf- oder den Rasenmäher hergeben sollte. Er entschied sich für letzteres.
„Gerne, behalten Sie ihn, solange Sie wollen.“
„Nein, nein, ich bringe ihn gleich wieder.“
„Auch gut.“
1. Kapitel ...

„Das Gefühl, daß ihn seine ...“
„Hallo Nachbar, hier haben Sie Ihren Rasenmäher wieder. Ging doch schnell, nicht?“
„Allerdings.“
„Zum Dank habe ich Ihnen eine Flasche Whiskey mitgebracht. Sie haben doch nichts dagegen, wenn ich einen Schluck mittrinke?“
„Aber nein.“
Als die erste Flasche geleert war, meinte der Nachbar, der sich als „Howland“ vorgestellt hatte:
„Glücklicherweise habe ich immer eine Reserveflasche bei mir. Prost Nachbar.“
„Prost Nachbar“, Walters Zunge wurde schwer.
„Das Leben ist ein eigen Ding“, lallte Howland.
„Ich war sechsmal verheiratet, die Weiber sind alle Verbrecher.“
„War'n das nicht die Männer?“
„Die sowieso, aber die Weiber sind schlimmer.“
„Genau, aber warum eigentlich?“
„Weil sie Männer haben.“
„Aha.“
„Verstehen Sie?“
„Glaube schon.“
„Ich werde es Ihnen einfach, kurz und bündig erklären, ja?!“
„Wie Sie meinen.“
„Also, das ist so: Die Männer wollen immer nur das Eine...“
„Das hat schon die Großmutter meiner Frau gesagt.“
„Ach, Sie sind verheiratet.“
„Ja, noch.“
„Ärger?“

„Mmhh“.
„Egal, und weil die Männer immer nur das Eine wollen, glauben die Frauen, daß sie nur das Eine haben. Verstehen Sie?“
„Nicht so ganz.“
„Wenn also die Frauen glauben, daß sie nur das Eine haben, setzen sie auch nur das Eine gegen die Männer ein.“
„Wollen Sie damit sagen, daß Frauen keinen Verstand, keine künstlerische...“
„Nein, nein, aber das Eine gibt ihnen die Macht.“
„Glauben Sie das wirklich?“
„Ich war schließlich sechsmal verheiratet.“
„Sie können doch Ihre privaten Erfahrungen nicht als allgemeingültige, äh Dings verkaufen.“
„Die Hochrechnungen der demoskopischen Institute sehen nicht anders aus, die machen es genauso.“
„Die befragen einen repräsentativen Querschnitt der Bevölkerung.“
„Bin ich Bevölkerung oder was? Bin ich etwa unrepre... unreprä... unrepräservativ?“
„Nein, ja, ich meine, das wollte ich überhaupt nicht in Frage stellen.“
Sie schenkten sich Whiskey nach und starrten nachdenklich in die rauchfarbenen Gläser.
„Frauen!“ stöhnte Howland.
„Ja genau. Frauen denken immer nur an sich selbst.“
„Quatsch!“
„.... oder überhaupt nicht.“
„Howland, Sie sind ja ein Dings, ein... ein...“
„Genau, ein Realist. Ich habe Frauen gebumst, ich kann dir sagen.“

„Sag' doch!"
„Hunderte, Tausende..."
„Millionen, Milliarden, Pimpillionen."
„Ja, pimpern hat man zu meiner Zeit gesagt. Daß Sie das noch wissen."
„Ich bin müde, am besten, wir reden ein andermal weiter."
„Da haben Sie recht."
Howland ging, und Walter überlegte, wo die Logik in den Aussagen gelegen hatte. Er ärgerte sich, daß er sein Diktaphon nicht im Garten hatte. Solche Typen mußte man mitschneiden, das war der Stoff, aus dem Romandialoge sind. Er sah auf die Uhr: Selbst 'Vom Winde verweht' hatte nicht so lange gedauert. Sie ging fremd.
– Ich bringe sie um, ich bringe sie beide um. –
Er stand mühsam auf und begann die Rosenstöcke auszureißen, er merkte nicht einmal, daß seine Hände immer stärker bluteten.
Erst später, er saß vor dem Laptop und glotzte auf den grünen Bildschirm, sah er das Blut an seinen Händen.
– Keine Rose ohne Dornen, keine Frau ohne Liebhaber, kein Topf ohne Deckel, kein Feuer ohne Rauch, kein Bier ohne Schaum... –
Er lachte irre.
– Ich bringe sie um, ich bringe sie um. –
Er lief zum Geräteschuppen und holte die alte Schaufel, die noch vom Vorbesitzer stammte. – Das Grab für die beiden, das Grab hebe ich gleich aus. –
Trotz seines Zustandes brauchte er nur eine knappe Stunde, um eine 50 Zentimeter tiefe, zwei Meter lange und zwei Meter breite Grube auszuheben.

Erschöpft lehnte er sich auf den Spaten.
„Ob Walter noch wach ist?“
War das Sabines Stimme? Er schüttelte heftig den Kopf.
„Hallo, Walter. Langeweile?“
Leila stand vor ihm.
„Hallo, Leila, ich habe ein... eine Grube ausgehoben, weil...weil ich morgen ein paar Sträucher verbrennen will. Die toten, weißt du.“
„Ja, wir verbrennen die abgestorbenen Pflanzen auch immer.“
„Weißt du, wo Peter ist?“
„Im Kino mit Sabine.“
Sie kicherte.
„Die waren schneller als wir.“
Walter hatte Mühe zu verstehen:
„Schneller?“
„Du bist doch nicht blöde. Die treiben es zusammen.“
„Bist du..., ja, ich weiß.“
„Also?!“
„Ich habe keine Ahnung.“
„Also sollten wir uns rächen, oder findest du mich so häßlich?“
„Du meinst, wir sollten miteinander schlafen?“
„Miteinander, übereinander, untereinander, gegeneinander... Hauptsache, wir vögeln endlich.“
Sie griff ihm zwischen die Beine. Ihre Fingernägel krallten sich durch die dünne Hose in seine Hoden. Er schrie auf, strauchelte. Sie spitzte die Lippen, deutete einen Kuß an. Er wich zurück, stürzte in die Grube. Den Spatenschlag, der seine Halsschlagader durchtrennte, spürte er kaum. Er hörte auch nicht die Sätze, die die drei sprachen, während sie sein Grab zuschütteten:

„Der Depp hat immer alles 100prozentig machen wollen, jetzt hat er sich sogar sein eigenes Grab geschaufelt."
Das war Sabine.
„Irgendwie war er schon spießig, aber auch altmodisch lieb."
Das war Leila.
„Ich kann nicht verstehen, wie ein Mensch etwas gegen Gruppensex haben kann."
Das war Peter.
„Er war ausgebrannt und versoffen, ich hasse besoffene Männer."
Das war wieder Sabine.
„Man hätte ihn auch auf andere Art loswerden können, ein bißchen tut er mir leid."
Das war Leila.
„Die Welt muß von Typen, von Luschen wie ihm gesäubert werden. Die machen alles kaputt. Let's live for today."
Das war Peter.
„Scheißsatz."
Das war Leila.
„Du mußt es so sehen: Wir waren schneller als er. Er hätte uns auch umgebracht."
Das war Peter.
„Hallo Leute! Ich habe Teeny, Rolf, Niki, Andi und Gaby mitgebracht. Kann die Party starten?
Das war Howland.
„Endlich geht es los."
Das war einstimmig.

Ein dicker Hund

Dieter Klein hatte es nie leicht gehabt im Leben. Die typisch bundesrepublikanische Kindheit der Nachkriegsgeneration (Vater liest 'Bild' und säuft, Mutter geht nicht auf den Strich, treibt es aber mit Gas-, Milch- und sonstigen Männern) hatte tiefe Kerben in sein jugendliches Gesicht und die sensible Beamtenseele gegraben. Noch müde vom Büroschlaf saß Dieter Klein, den seine Freunde Didi genannt hätten, wenn er welche gehabt hätte, in einem kleinen Straßencafé in der Fußgängerzone. Müde nuckelte der Postobersekretär an seinem angeblich naturreinen Orangensaft und schaute ebenso müde dann und wann luftig gekleideten Mädchen nach. Drei Stunden lang hatte er am Vormittag hinter einem verschwundenen Formularblock hertelefonieren müssen, so etwas konnte selbst den willigsten Beamten sauer machen. Jetzt wollte er mal so richtig abschalten, ja, sich richtig gehen lassen. Er orderte einen zweiten Saft, doch diesmal mit Schuß. Der Ärger mußte hinuntergespült werden.

Einige Stunden später, es war immer noch angenehm warm und hell, hatte Dieter einen Schwips. Zwei Damen in geblümten Sommerkleidern ließen sich am Nebentisch nieder, Dieter registrierte es durch den leichten Schleier vor seinen Augen. Die beiden bestellten Kaffee und Toast. Dieter bemerkte die Blicke, die sie sich gegenseitig zuwarfen, merkte sogar noch, daß sie ihn musterten. Er nickte ihnen zu und bestellte drei Wodka-Orange. Die Damen nahmen ihre Gläser hocherfreut entgegen und prosteten ihm zu. Er prostete zurück und fühlte sich rundherum wohl, so etwas war ihm schon lange nicht mehr passiert. Die zwei schienen wirklich auf ihn abzufahren. Es störte ihn nur ein wenig, daß er ihre Gesichter so undeutlich wahrnahm; daß die Kellnerin vorhin, als sie ihm das Glas hinstellte, gemurmelt hatte: „Aufpassen, das sind die größten Schnorrerinnnen der Stadt“, war seinen Ohren entgangen. Langsam wurde es dunkel und Dieter begann zu frieren. Den Frauen machte das augenscheinlich nichts aus, denn sie schwatzten munter weiter und hoben jedesmal brav ihr Glas, wenn Dieter eine neue Lage geordert hatte.

Er hatte noch kein Wort mit ihnen gewechselt, aber er sagte sich, wenn sie es so lang bei ihm aushielten, mußte noch mehr drin sein. In Gesprächen mit Kollegen war oft die Bemerkung gefallen, daß nichts über einen flotten Dreier ging. Er hatte sich lange aus solchen Gesprächen herausgehalten, weil er schlicht und einfach erst eine Frau in seinem Leben im Bett gehabt hatte, doch er war neugierig geworden und hatte sich einschlägige Literatur beschafft. Heute wußte er, was ein flotter Dreier war, und an genau den mußte er jetzt denken, so eine Gelegenheit konnte man nicht ungenutzt verstreichen lassen. Ein bißchen unangenehm war es ihm doch, daß er jetzt betrunken war, denn er konnte sich beim besten Willen nicht mehr daran erinnern, welche Sätze der Autor von „Wie man Frauen richtig aufreißt“ für eine solche Situation empfahl. Also nahm er seinen ganzen Mut zusammen, schluckte tief und begann: „Meine Damen, fänden Sie es nicht auch an der Zeit, ein..." „Oh ja," flötete die rechts Sitzende, „ein kleines Häppchen kann man um diese Uhrzeit wohl vertragen, für mich bitte Krabbencocktail, und was möchtest Du, Käthe?" Käthe wollte das Gleiche. Na schön, dachte Dieter, nach einem kleinen Imbiß ist man lockerer. Er bestellte sich ebenfalls einen Krabbencocktail und einen Wodka pur. Um seine Potenz machte er sich trotz seines Promillepegels keine Gedanken, mit zwei Frauen im Bett wurden selbst Tote wieder wach, berichtete die erotische Literatur – oder war's umgekehrt gewesen?

Nach dem Mokka startete Dieter einen neuen Versuch: „Meine Damen, ich finde, wir sollten überlegen, was wir mit dem angebrochenen Abend machen." Es wunderte ihn selbst, wie klar er sich noch artikulieren konnte, offenbar hatte seine Zunge nicht unter dem Wodka gelitten. Er wollte seine Brille zurechtrücken und lachte plötzlich auf. Ach, so war das, er hatte seine Brille im Büro vergessen. Durch die ganze Aufregung hatte er wohl nicht mehr daran gedacht, sie nach dem Mittagsschlaf wieder aufzusetzen, demzufolge war er doch noch nüchterner als er gedacht hatte. „Was lachen Sie denn so?" flötete es vom Nebentisch. „Ich dachte gerade, daß es ganz lustig wäre, um Mitternacht bei mir meinen berühmten Gespenstercocktail mit Kaviar zu genießen." Plötzlich fand er sich recht originell, der Alkohol tat seine Wirkung. Wenn er die beiden erst mal in seiner Wohnung hatte, würde eh keiner mehr ans Essen denken, Wein und Cracker konnte er für zwischendurch ja bereitstellen. Am Nebentisch zierte man sich nicht lange: „Oh, das wäre wirklich nicht übel.

Haben Sie ein Auto?“
„Ja, aber ich möchte heute nicht mehr fahren, ich werde uns ein Taxi rufen.“
„Fein, wir werden auf Sie warten.“
Als Dieter wieder aus dem Cafe trat, hatte er das Gefühl, seine neuen Eroberungen wären verschwunden, aber er täuschte sich, sie warteten brav.
„In fünf Minuten ist der Wagen da.“
Dieter freute sich wie ein Schneekönig, so leicht hatte er sich die Sache nicht vorgestellt. Der Wagen kam und die drei standen auf. Erst in diesem Augenblick sah Dieter, das heißt bei dem schlechten Licht ahnte er es mehr, daß sie zu viert waren.
„Wer ist denn das?“ fragte er verwundert.
„Ach das ist Waldo, unser kleiner Liebling“, antwortete die Frau und deutete auf einen unglaublich fetten Mops. „Sie haben doch nichts gegen Hunde?“
„Im Gegenteil, ganz im Gegenteil“, beeilte er sich zu versichern.
Ein wenig steif stiegen die zwei in den Fond des Mercedes, in Gedanken nannte Dieter die beiden natürlich nicht Damen, sondern Mädchen, er wußte selbst nicht so genau, wieso er eigentlich ständig „meine Damen“ zu ihnen sagte. Endlich hatten sie prustend und schnaufend Platz genommen. Die müssen heute auch schon ordentlich getankt haben, überlegte Dieter und sagte laut:
„Ich heiße übrigens Dieter, wir sind jetzt ja lange genug zusammen, um uns zu duzen.“ Ein jungmädchenhaftes Kichern antwortete ihm, dann sagte die eine:
„Ich heiße Käthe“, und die andere verkündete immer

noch kichernd:
„Ich bin Laura.“
Der Taxifahrer wurde langsam unruhig:
„Wo soll’s denn hingehen?“
„Zu mir.“
„Und wo ist das?“
„Pardon, Gartenstraße 8.“
Wenige Minuten später hielt der Wagen vor Dieters Drei-Zimmer-Parterrewohnung. Er zahlte und half Laura und Käthe aus dem Fond. Mit viel Mühe gelang es ihm, das Schloß seiner Wohnungstür zu finden. Käthe und Laura waren inzwischen fast ununterbrochen am Kichern und Quietschen.
Dieter führte sie ins Wohnzimmer, den Dimmer hatte er auf schummerig gedreht, und sie nahmen auf der Klappcouch Platz. Er schenkte Wein ein, stellte Cracker dazu und machte sich auf die Suche nach seiner Ersatzbrille.
Er wollte endlich sehen, was er sich da eingefangen hatte. Daß Käthe nicht mehr ganz jung sein konnte, hatte er an der Stimme erkannt.
Es ist nicht ganz leicht, eine Brille ohne Brille auf der Nase zu finden und so dauerte es ziemlich lang, bis er ins Wohnzimmer zurückkam. Wein und Cracker waren inzwischen vertilgt.
Dieter unterzog die beiden einer eingehenden Prüfung. Käthe durfte so um die sechzig sein, von ihrem Gesicht war unter der dicken Make up-Schicht nicht viel zu erkennen. Laura konnte ihre Tochter sein. Auch sie trug starkes Make up. Da er nicht mit zwei Zwanzigjährigen gerechnet hatte, nahm er’s nicht weiter tragisch. Von Wein zu Wein würden sie ihm schon jünger

erscheinen. Er holte noch zwei Flaschen aus dem Kühlschrank. Sie tranken reichlich und leerten eine Cracker-Packung nach der anderen. Dieter erzählte von seinem schweren Beruf als Postbeamter, man hörte ihm gelassen zu. Kurz vor Mitternacht meldetete sich Käthe: „Du hattest uns doch einen Gespenstercocktail mit Kaviar versprochen.“

Dieter sprang auf und hastete in die Küche. Es war unglaublich, was die Damen (er nannte sie in Gedanken nicht mehr Mädchen) so verputzten. Er behalf sich mit einer Mischung aus billigem Schaumwein, Sirup und Gin, eine undefinierbare, unten dunkle, oben schimmelige Konfitüre diente als Kaviar, dazu servierte er Käsesnacks. Käthe und Laura schafften auch das noch und lobten besonders den interessanten Kaviar. Dieter stieg auf Gin um und fühlte sich erinnert an „Das große Fressen.“

Endlich stöhnte Käthe: „War das gut, ich glaube, es ist jetzt Zeit für uns ins Bett zu gehen.“

Dieter offerierte lallend sein Schlafgemach, man stimmte zu. Als er Geräusche vernahm, die vermuten ließen, daß die beiden nun im Bett lagen, torkelte er hinterher. Bereitwillig machten sie ihm die Besucherritze frei. Dieter wollte sich über Laura hermachen, aus unerfindlichen Gründen landete er statt dessen auf Käthe.

Er merkte es nicht einmal. Im Laufe der Nacht schaffte er sie beide je zwei Mal und war so glücklich wie noch nie in seinem Leben. Um es mit seinen Worten auszudrücken: er fühlte sich wie ein Postrat. Als er einmal rausmußte, brachte er auf dem Rückweg die Reste von Gin, Wein und Räucherwurst, die er noch im Eis-

schrank gefunden hatte, mit und alle drei machten sich darüber her. Sie feierten und vögelten, bis der Morgen graute. Dieter war kaum noch seiner Sinne mächtig, aber die Pflicht rief. Ohne ihn würde schließlich der gesamte Postverkehr zusammenbrechen und der war wichtiger als jeder andere Verkehr.
Dieter Klein lallte eine Entschuldigung und machte den Vorschlag, daß man sich später, nach Dienstschluß, wieder in dem Straßencafé treffen könne. Käthe und Laura schien das prima zu passen. Während er sich anzog, meinte Käthe: „Dieter, du wirst es zwar komisch finden, aber wir haben eine kleine Angewohnheit."
„Nur raus damit!"
Käthe druckste herum: „Ja weißt du, wir sammeln Autogramme von unseren Liebhabern."
Dieter lachte: „Da ist doch nichts dabei."
„Fein", sagte Laura und hielt ihm einen Zettel hin. Immer noch lachend unterschrieb er.
Sie verabschiedeten sich bis zum Abend.
Während seiner Dienstzeit mußte Dieter Klein 167 Formulare ausfüllen und ständig an Käthe und Laura denken.
„Es geht doch nichts über erfahrene Frauen so um die vierzig", verkündete er seinen staunenden Kollegen in der Mittagspause, „die wissen, wie man es richtig macht." Die Kollegen führten seinen plötzlichen Mut, über solche Themen zu sprechen, auf seinen angeheiterten Zustand zurück. Man merkte ihm die harte Nacht auf den ersten Blick an.
Endlich, endlich war es 17 Uhr. Dieter packte seinen Kram zusammen und stürzte aus dem Postamt. Diesmal hatte er seine Brille nicht vergessen. Im Café

begrüßte ihn die Kellnerin mit einem seltsamen Gesichtsausdruck. Er bestellte Kaffee und Mineralwasser.

Immer wieder schaute er auf seine Uhr, wurde unruhiger, so unruhig, daß ihn schließlich die Kellnerin ansprach: „Entschuldigung, warten Sie auf jemand?“

„Ja, auf die beiden Schwestern, mit denen ich hier gestern abend Wodka trank.“

„Schwestern“, sagte die Kellnerin erstaunt.

„Oder Mutter und Tochter, ich weiß es nicht so genau.“

„Mutter und Tochter“, die Bedienung prustete los, hielt sich die Seite vor Lachen.

„Was ist daran so lächerlich?“ Dieter war echt aufgebracht.

„Entschuldigen Sie vielmals, ich kann mich natürlich daran erinnern, daß Sie gestern abend hier getrunken haben, aber nicht mit Schwestern oder Mutter und Tochter, sondern mit Bruder und Schwester.“

Eine Zeitlang sagte Dieter gar nichts.

Dann stammelte er: „Bringen Sie doch bitte zwei Cognac und setzen Sie sich einen Augenblick zu mir.“

„Erzählen Sie“, forderte er die Kellnerin auf, nachdem sie das Gewünschte gebracht hatte.

„Viel weiß ich auch nicht; Käthe ist eine Beamtenwitwe (er stöhnte auf), sie dürfte so um die siebzig sein, ihr Bruder ist nicht viel jünger, er war früher Star beim Travestie-Cabaret. Die beiden ziehen allabendlich durch die Stadt und wenn sie einen Dummen finden, pardon, ich meine das nicht persönlich, nehmen sie ihn aus wie eine Weihnachtsgans. Das ist eigentlich alles, was ich weiß.“

Es langte Dieter auch so, er zahlte und ging. Auf einmal

hatte er nur noch das Bedürfnis zu schlafen, lange und traumlos.
Er schloß seine Wohnungstür auf und griff zum Dimmer. Ein elektrischer Schlag durchfuhr seinen Körper, fluchend hielt er sich die linke Hand. Das Licht war trotzdem aufgeflammt.
Eine kahle Birne erhellte den Raum, Lampen, Möbel, Teppiche... alles war verschwunden.
Dieter lief durch die Wohnung – überall das gleiche Bild. Nur sein Telefon stand noch auf dem kahlen Boden. Er mußte sofort die Polizei anrufen, hier hatten die Einbrecher gründlich gearbeitet.
Er nahm den Hörer ab, dünnes Durchschlagpapier, Papier, das er von seiner Arbeit nur zu gut kannte, war darum gewickelt.
Er wollte es schon zerknüllen, warf dann aber doch einen Blick darauf, während er die Nummer der Polizei wählte.
Es war der Durchschlag eines Kaufvertrages.

Aus dem Vertrag ging hervor, daß er sein gesamtes Mobiliar und sonstiges Inventar den Geschwistern L. und K. Homan für den Preis von drei Deutschen Mark veräußert hatte. Unten auf der Seite stand sein „Autogramm“. Er hängte den Hörer wieder ein. Hinter dem Telefon fand er die drei Mark, neben einem Häufchen, das der Mops gesetzt haben mußte. Immerhin wußte er nun, was ein flotter Dreier war.

Er saß stets in der dunkelsten Ecke der dunkelsten Kaschemmen. Wahrscheinlich wäre er trotz seines Bierbauches, des eingefallenen Säufergesichts, des schwarzgrauen Vollbartes nicht weiter aufgefallen, doch da war noch seine Stimme. Es gibt keine Bezeichnung in der Musik, sie zu definieren. Einer seiner Kumpel hatte es auf den Punkt gebracht: Ekki klingt wie ein Koyote, der sich an einem Löwen verschluckt hat.

Es war einem Freitag gegen 17 Uhr, als ich Ekkehard kennenlernte. Er torkelte über die Zeil und lallte:
„Ich geh jetzt in eine Gaststätte meiner Wahl und genehmige mir ein warmes Essen."
Die Gaststätten seiner Wahl waren zu diesem Zeitpunkt bereits stark reduziert, denn er hatte in Frankfurt fast überall Haus- und Lokalverbot.

Kurz und schlecht: Ich gab ihm meine Adresse und sagte, daß er sich melden solle, falls es einmal problematisch mit ihm werden würde, schließlich bin ich Therapeut.

Protokoll:
Samstag 13 Uhr;
„Hallo, hier ist Ekki, ich bin gerade bei Else vom Barhocker gefallen und habe kein Geld mehr. Kannst du mich auslösen?"
Samstag 19 Uhr;

„Hallo hier ist Ekkehard, danke, daß du mich ausgelöst hast. Gib mir doch deine Kontonummer."
Samstag 23.45 Uhr;
„Hallo, ich bin gerade bei Claudia, kannst du mich auslösen?"
Sonntag 2.45;
„Warum bist du denn noch nicht da?"
Sonntag 4 Uhr;
„Ich bin gerade vom Hocker gefallen und mache jetzt einen Deckel."
Sonntag 12 Uhr;
„Ich gehe jetzt in eine Mahlzeit meiner Wahl und gönne mir eine warme Kneipe."
Sonntag 16 Uhr;
„Jetzt suche ich mir ein Bett meiner Wahl und werde wichsen. Ich bin nämlich Linkswichser."

Diese Mitteilungen an meinen Anrufbeantworter waren nur das Vorspiel einer innigen „Freundschaft".
Am Montag erwischte er mich live.
„Hallo, ich bin gerade aus dem Bett gefallen. Ich rauche jetzt noch ein Bier, dann schaue ich mal bei dir vorbei."
Ohne eine Antwort abzuwarten legte er auf.
Montags habe ich keine Patienten, am Wochenanfang bin ich mein eigener. Ich dachte darüber nach, ob ich es bei Ekki mit einer klasischen Alkoholdemenz zu tun hatte, oder ob diese Kreatur „naturstoned" war. Bevor ich auch nur den Hauch einer Antwort gefunden hatte, klingelte er.
Ich sah sofort, daß er nicht nur ein Bier „geraucht" hatte. Prompt lallte er los:
"Schön haste's hier, haste mal 'ne Mark, ne haste mal

‘nen Bier?“
Er ließ sich auf die Couch fallen und schlief sofort ein.
Ich trank selbst das Bier und hörte mir seine gelallten Traumvisionen an. Sein Bart zitterte, als er Sätze wie diesen sprach: „Gott ist eine unendlich große Menge und Zahl von Materie- und Antimaterieteilchen, die wirkt, aber nicht schöpft oder gar lenkt, denn alles ist ohne Sinn und Verstand.“
Das hätte ich ohne weiteres unterschrieben.
Nach gut zwei Stunden kam er wieder zu sich, besser gesagt: Er wachte auf.
„Wo ist das Bier? Es darf auch ein Schnaps sein.“
Ich brachte ihm beides.
Wieder einmal wurde mir bewußt, daß ich kein guter Therapeut bin. Nicht einmal ein besonders guter Psychologe. Wahrscheinlich versteht jeder Teppichhändler oder Gebrauchtwagenverkäufer mehr von Psychologie als ich. Und gute Therapeuten gibt es nur außerhalb des Berufsstandes.
Ich hatte, wie fast alle meiner Kollegen, diesen Studienzweig nur gewählt, um die eigenen Beschädigungen auszuloten und mit den Beschädigungen meiner lieben Mitmenschen die saubere und schnelle Mark zu machen. Mein Kollege Günther hat es treffend formuliert: Wer zu einem Therapeuten geht, dem ist ohnehin nicht mehr zu helfen.
Die schnelle Mark hatte ich gemacht, aber ein ungutes Gefahl war geblieben.

„Ich hab da ein Problem“, meinte Ekki nach dem ersten Schnaps und einer halben Flasche Bier.
„Natürlich nur eines.“

„Ja, alle anderen hab ich fest im Griff. Ich hab mich nämlich verliebt, weiß aber nicht in wen."
„Das ist allerdings hart, geh doch einfach nochmal in dieselbe Kneipe."
„Ich war doch in so vielen. Ich muß diese Frau unbedingt wiedersehen."
„Dann mach die ganze Tour noch einmal oder vergiß sie bei einer Entziehungskur."
Er wirkte erstaunlich nüchtern.
„Sie war blond, vielleicht 53 Jahre alt. Sie hat den Leuten in der Kneipe Suppe ins Gesicht gespuckt und mich sofort als Linkswichser geoutet."
„Respektable Leistung."
„Ich kann ohne diese Frau nicht mehr leben. Aber sie ist verheiratet und ihr Kerl macht viel Kohle."
„Sicher."
Er stand auf, ging zum Kühlschrank und brachte einen Sixpack.
Drei Flaschen weiter:
„Ich glaube, du hast recht. Ich gehe sie suchen."
Er stand auf, stopfte die restlichen Bierflaschen in seinen zerfledderten Parka und rauschte ab.
Zwei Stunden später kam der Anruf:
„Ich hab 'se gefunden. Wir haben uns verlobt. Du sollst den Trauzeugen machen."
Er war schon wieder leicht hinüber.
„Sie ist doch noch verheiratet, oder?"
„Das macht doch nix."
Ein dumpfer Schlag, dann eine andere Stimme:
„Ekki ist gerade vom Barhocker gefallen. Kannst du ins ABC kommen?"
„Ausnahmsweise. Der Abend ist eh gelaufen."

Das ABC, auch „Abfüllager bar Kasse“ war eine der besten Absackerkneipen nahe der Großmarkthalle. Hier durfte man auf den Tisch kotzen, unter den Stuhl pinkeln und auf die brötchenhaltigen Hacksteaks wichsen. Hauptsache, man konnte zahlen.
Ich nahm sicherheitshalber ein Taxi.
Ekki saß inzwischen auf einem Stuhl und trank beidhändig Bier und Korn. Seine Augen gingen zwischen einer drallen Blondine und einem anderen (vielleicht eßbaren) Fleischklops hin und her. Er sah mich und strahlte:
„Das ist Elisabeth Charlotte Claudia Gaby und so weiter. Und das ist mein Freund Dings.“
„Setz dich doch, Dings. Dings ist ein schöner Name.“
„Ja, und so selten.“
Ich nahm umständlich Platz. Umständlich deshalb, weil ich mir einen Winkel aussuchte, den Ekki nur schwerlich bekotzen konnte.
Die dickliche Blonde konnte auch 60 sein, aufgemacht war sie jedenfalls wie eine Dreißigjährige. Ordinär und dumm, die Assoziationen kamen bei mir automatisch, und ich bestellte ein großes Pils.
Die beiden befummelten sich und kicherten wie Teenies.
Meine Eindrücke schwankten zwischen angewidert und belustigt.
Urplötzlich fingen die beiden an zu streiten. Bei Betrunkenen braucht es nur den geringsten oder auch keinen Anlaß, um die Stimmung kippen zu lassen.
Als ich noch jünger war, hatte ich Streitereien dieser Art sehr genossen und sogar mitnotiert oder mitgeschnitten. Heute nahm ich nur noch selten Diktaphon

oder Schreibblock mit, wenn ich in Kneipen ging. Es wiederholte sich eben alles zu oft.
Ich ging, ohne daß die beiden von mir Notiz nahmen.
Wenige Stunden später kam der erwartete Anruf:
„Die ham uns verprügelt. Kannste uns verarzten, du bist doch Mediziner?“
„Geht doch in eine Ambulanz oder gleich in die Nervenklinik, die sind auf so etwas vorbereitet.“
„Nee, die behalten uns doch gleich da.“
Erstaunlicherweise denken Säuferhirne oft logisch.
„Also gut, ich habe aber nur 10 Minuten Zeit.“
Um die Zeit zu überbrücken, blätterte ich in alten Büchern. Sicher war es kein Zufall, daß ich im „Herder Lexikon Psychologie“, meine Verlobte hatte es mir während des ersten Semesters geschenkt, beim Buchstaben A hängenblieb: ‘Alkokolismus, eine überdauernde Verhaltensstörung, die in einem übermäßigen Verlangen nach alkoholischen Getränken u. übermäßigen Konsum von Alkohol besteht. Bisher hat noch keine wissenschaftl. Disziplin eine überzeugende Erklärung für die Entstehung des A. gefunden.’
Und auch nicht für die Entstehung des B. Ich jedenfalls griff nach einer Flasche Bier, kurz bevor Ekki klingelte.
Die beiden Opfer sahen schlimmer aus, als die Wunden wirklich waren. Die anderen Säufer hatten nicht allzufest zugelangt. Ich versorgte die Schürfwunden mit Mittelchen aus der Hausapotheke. Den Malträtierten erschien das frische Bier weitaus interessanter und nach der zweiten Flasche sprudelte Ekki los:
„Wir ham eigentlich gar nichts gemacht. Plötzlich sind die über uns hergefallen. Charlotte hat sich doch nur einen Löffel vom Nachbartisch geborgt.“

„Der wahrscheinlich noch in der Suppe lag."
„Woher weiß du das? Ja, und da sind ein paar Spritzer auf die Hose von dem Kerl gekommen. Ich wollte sie wegwischen, aber dabei ist mir mein Bierglas umgefallen..."
„Schon gut. Ich habe eine Menge Laurel und Hardy Filme gesehen."
„Haste vielleicht noch ein Bier oder was stärkeres oder beides und ne Zigarette und...?"
„Ein letztes Bier, dann muß ich arbeiten. Ihr solltet morgen sicherheitshalber doch zu einem Arzt gehen, außerdem gebe ich euch die Adresse eines Therapeuten, der auf Leute wie euch spezialisiert ist."
Was ich den beiden verschwieg: Der Kollege hatte ähnliche Probleme und erschien mir deshalb doppelt geeignet, denn wie hatte er doch so schön formuliert:
„In gleichem Maße, wie ich auf meine Patienten und Seminarteilnehmer ruhig und gelassen wirke, bin ich innerlich oft erregt, und die Aufregung und Übelkeit kann ich nur durch massenhaftes Einwerfen von Tabletten und exzessiven Alkoholkonsum überspielen. Manchmal kann ich dann kaum ein Glas halten und es wird mir alles viel zu eng. Wenn ich im Nachhinein überlege, wieviele Ärzte ich konsultiert habe und wie hilflos alle waren, und mit wievielen Medikamenten sie mich vollgepumpt hatten, dann zweifle ich an der ärztlichen Kunst."
Na bitte, hab ich's doch immer gesagt: Gib allen Luschen einen Titel und stecke sie in einen Sack.
Die drei würden sicher miteinander klarkommen und wenn es nur zum Zwecke der letzten Dröhnung oder Ölung war. Hauptsache, ich war sie los.

Ich schrieb weiter an der „Phänomenologie der idiomorphen Medien - unter Berücksichtigung aller silikonen Komponenten in der Humanpsychologie“, einer Arbeit für unser Satireblatt „Der Mensch trinkt eine Mass aller Dinge.“
Es wird kaum einer glauben, aber gerade die Psychologen setzen die große Tradition des deutschen Humors fort, der allerdings seit Hermann dem Cherusker etwas unterentwickelt geblieben ist. Oder um es mit Georg Mikes zu sagen:
Der mangelnde Sinn des Deutschen für Humor hat zwei Weltkriege heraufbeschworen. Was heißt hier beschworen, wir Deutsche haben nie bei irgendetwas beschworen, das wir nicht wiederrufen konnten. Hackethal hat sogar Hippokrates des Meineides bezichtigt, aber wer kennt schon Hackethal außerhalb der Landesgrenze?
Freud, den kennen sie weltweit, aber der hat auch nie beschworen, der hat nur geirrt, hätte Mikes geschrieben, die Deutschen haben die Kriege herbeigeirrt, ich würde ihm recht geben, aber...
Das Telefon:
„Runkenzungfritzenfratzenhinzenkunzenpinacolada-binbambumbinokannstemachstewillstmußtebrauchgeld-hoteldiplomatischebadwehrloskommdoch.“
Aufgelegt.
Partieller Sprachverlust. Sicher nur temporär; in wenigen Stunden würde ich mehr wissen, ob ich es wollte oder nicht, denn irgendwann würde Ekki die Reste seiner ohnehin reduzierten Sprache wiederfinden. War es eigentlich Zufall, daß ich ihn getroffen hatte? Sicher nicht, denn das zufällige Treffen wird erst dann zu einer

wirklichen Begegnung, wenn man beschließt, sich wiederzusehen. Kann man grundlos geboren werden oder zufällig sterben? Mein Kollege Boris Cyrulnik meint nein, denn ihm gefällt der Gedanke, daß er nicht zufällig auf dieser Welt ist und Ludwig Winkler setzt mit dem Satz: „Zufall gibt es nur bei der Kellertür“ noch einen drauf. Doch was ich von meinem Metier und meinen Kollegen halte, brauche ich jetzt nicht noch einmal zu vertiefen. Ich vertiefte mich in ein weiteres Bier und dachte einmal mehr über meine gescheiterten Beziehungen nach.
Von Bier zu Bier wurde mir klarer, daß ich Frauen nie als Menschen gesehen hatte, obwohl bei ihnen alles funktionierte: Bewegungen, Sinnesempfindungen, Stoffwechsel, Hunger, Durst, Sex, nur nicht das, was sie zu Menschen machen würde. Ich weiß natürlich, daß bei Frauen im Gegensatz zu allen anderen Tieren der Kortex vorhanden ist; er scheint bloß auf einer anderen Ebene zu funktionieren beziehungsweise nicht zu funktionieren.
Das Telefon rettete mich vor weiteren frauenfeindlichen Gedanken.
Ich griff nach dem Hörer und gleichzeitig nach dem Bierglas.
„Richtdischeinischwirkommtgklei. "

Klar, das nannte man Zwischenbericht. Ebensoklar auch, daß ich seit Ekkis Auftauchen 16 Kilo zugenommen hatte. Der Patient beeinflußt den Therapeuten (obwohl ich es in diesem Fall nicht einmal wirklich war) mehr als umgekehrt. Das behauptet zumindest Herbert Bauer.

Eines ist allerdings klar, dank der Patienten kommt man kaum noch dazu, etwas ordentlich zuende zu denken.
Das Schlimmste an Soziopathen ist, daß man nie weiß, ob sie wirklich kommen. Ekki und seine Dame jedenfalls tauchten nicht auf, nicht in den nächsten 12 Stunden. Mir war in den letzten Tagen aufgefallen, daß ich einige Termine verbummelt hatte und nahe davor war, mich mit in den Sumpf zu begeben, hatte es aber immer wieder verdrängt. Jan Duda, der Alk- und Tablettentherapeut, mußte jetzt wach sein. Ich rief an:
„Sag mal, ist bei dir ein völlig kaputtes Pärchen aufgetaucht, die sich auf mich berufen haben?"
„Oh ja, danke danke. Das war die aufregendste Gruppenstunde, die ich je hatte. Sie hatten Sekt, Cognac und Speed mitgebracht. Mann, waren wir high. Das war so geil, hey ich glaube ich habe diese Charlotte, nein ich bin mir sicher... ich habe diese Frau gevögelt, während ihr Freund ins Waschbecken onanierte. Mann, das war ein Ding. Die anderen aus der Gruppe waren ganz begeistert und haben Joints geraucht und auch gevögelt. Es war fast so gut, nein fast besser, als in den sechziger Jahren. Mann ich kann dir sagen. Danke mein Freund. Danke. Ich glaube, sie wollen nachher wiederkommen."
Er legte auf und ich fühlte mich ein bißchen leer.
Na, jetzt hatte ich wohl jede Menge Zeit, mein Buch fertig zu schreiben und den anderen Patienten die Zeit zukommen zu lassen, die ihnen gebührte.
Ein Blick in meinen Terminkalender sagte mir... nichts?!
Ich mußte in den letzten Wochen... das gab es nicht.

Ich blätterte zurück. Keine Eintragungen seit dem ersten Sonntag des Monats. Blackout, Filmriß, Amnesie... Welcher schlechtverdienende Mensch hat, außer im Computerland, noch eine Hilfskraft? Es gab keine Sekretärin, niemand, den ich fragen konnte.
Ich brauchte einen Schnaps.
Die Szenarien zuerst mit Ekki, dann mit Ekki und Charlotte, ja er nannte sie jetzt immer häufiger Lotti, hatten sich so oft wiederholt, daß wohl jeweils zehn Kneipen oder Saufabende zu einem einzigen verschmolzen waren.
Ich blätterte den Stapel unbezahlter Rechnungen durch, darunter drei Mahnungen für die ausstehende Miete und die Androhung der Kündigung. Ich ahnte böses und lief zum Briefkasten.
Neben den Briefen besorgter Freunde, daß ich mich nirgends mehr sehen ließ, lag auch die Kündigung. Ich versuchte logisch zu denken. Die Ekki-Lotti-Geschichte mußte also über vier Monate gelaufen sein. Vier Monate, in denen ich die Post nicht geöffnet hatte. Doch was war mit dem Telefon, dem Anrufbeantworter? Konnte es denn möglich sein, daß ich immer nur bei Ekki abgenommen, nur die Stimmen der beiden auf dem Beantworter wahrgenommen hatte?
Und was war mit der Türklingel? Hatte ich all diese Tage verschlafen?
Ich zermarterte mein Hirn, oder das was von ihm übrig war. Es mußte wirklich so schlimm gewesen sein, außer den paar geschrieben Seiten und den Treffs mit dem Pärchen hatte sich nichts ereignet. Sicher, Bekannte hatten geschrieben, angerufen, vielleicht auch geläutet, ich hatte es nicht registriert. Jekyll/Hyde

nur ohne große Aktivitäten von Jekyll. Ich begann die Post systematisch zu öffnen.
Mein Auto war vor Wochen abgeschleppt worden, weil es tagelang im Parkverbot gestanden hatte, den Strom und das Telefon würde man mir zum nächsten Ersten abstellen, weil die Abbuchungen nicht mehr gedeckt seien.
Mein Gott, ich habe doch einen Dispo von 20.000 Mark. Wo waren die letzten Auszüge? Ich war weit darüber und der Sachbearbeiter der Bank wollte mich dringend sprechen.
Ich überlegte, welche Alternativen mir noch blieben. Erspartes gab es nicht, das einzige von Wert war das Auto, doch wie sollte ich es auslösen? Konto und damit die Kreditkarten waren gesperrt. Freunde, ich mußte dringend die wenigen Freunde anrufen. Nein, irgendwo mußte noch ein Sparbuch sein, eines, daß ich jahrelang nicht benutzt hatte. Ich stellte alles in der Wohnung auf den Kopf und wurde um fast 1000 Mark reicher.
Nachdem ich das Konto auf- und das Auto ausgelöst hatte, gab ich ein Inserat auf.
Der alte Jaguar brachte genau 15000 Mark. Ich zahlte die Häfte davon ein, um das Konto wieder freizubekommen und überlegte dann, was ich mit dem Rest machen sollte.
Inserieren, daß meine Praxis nach langer Krankheit wieder geöffnet sei, wäre das Logischste und Beste gewesen, aber ich verspürte noch keinen Drang danach. Zuerst wollte ich Ekki suchen, meine Erinnerungslücken schließen, sofern das durch Ekki/Lotti möglich war. Da war eine Kneipentour unabdingbar.

Von der Innenstadt zog ich über Sachsenhausen in die Randbezirke und merkte, wie schnell man 500 Mark loswird, wenn man Taxi fährt. Gegen Mitternacht hatte ich endlich Glück.
„Ekki, ja natürlich, der kommt fast jeden Abend. Ist heute spät dran, vielleicht machen sie Überstunden."
„Überstunden?"
Die erstaunlich dünne Wirtin lächelte:
„Ja, ich konnte es auch kaum glauben, aber er und seine Frau haben jetzt einen guten Job als Berater."
„Berater für was?"
„Lebensberater oder so, ach, da kommen sie ja."
Sie erkannten mich, kamen zögernd an den Tisch und nahmen nach einem eher gepreßten 'Hallo' Platz.
Ich ahnte, was kommen würde. Nachdem sie ihr Bier bekommen hatten, sagte Ekki etwas gestelzt:
„Wir haben jetzt wenig Zeit, denn wir arbeiten an einem großen Projekt."
„Habe gehört, ihr seid Berater."
„Auch, außerdem arbeiten wir an einem Buch über angewandte Suchttherapie."
„Ein Riesending", meldete sich Lotti, „es geht quasi darum, die Sucht durch die Sucht auszutreiben."
„Dein Kollege ist von uns hellauf begeistert, er hat soviel Zulauf wie nie zuvor und überhaupt ist er sowieso viel besser."
„Genau, und wir verdienen echt Kohle."
„Schön für euch."
„Willst du jetzt öfter hierherkommen?"
„Eigentlich nicht, ich wollte bloß wissen..."
„Das ist auch besser so, sonst müßten wir die Kneipe wechseln. Du bist uns einfach zu kaputt. Vielleicht soll-

test du mal eine Therapie machen. Du weißt ja wo."
Sie gingen und ich sah ihnen mit offenem Mund nach.
Später ging ich noch ins Bahnhofsviertel. Ich muß wohl des öfteren von einem Hocker meiner Wahl gefallen sein, denn ich wachte ziemlich lädiert in meiner Wohnung auf. Geld war keines mehr in meinen Taschen, dafür etwas kaltes, metallisches.
Ich hatte mir offenbar einen Revolver meiner Wahl gekauft. Ich zählte die Patronen und meine Wahl fiel auf eine, die leicht grünlich schimmerte.

Das 'Waldcafe' am Goetheturm hat den Reiz, keinen zu haben. Das hätte mich warnen sollen. Ich saß friedlich lesend unter irgendeinem Baum und trank Apfelwein direkt aus dem Bembel. Plötzlich stand sie vor mir: vierzig Jahr - blondes Haar und fragte:
„Darf ich mich zu Ihnen setzen?"
Ich nickte etwas irritiert, da noch ein Dutzend Tische frei war. Sie sagte: „Das ist mein Sohn Esau, das schönste und klügste Kind von Frankfurt."
Ich legte die 'Bild' (mit ihr hatte ich den dummen Schinken von Kracauer 'Das Ornament der Masse' getarnt) beiseite und schaute mir die beiden gründlicher an.
Sie hatte diesen typischen kirschkerngroßen Soziologenkopf und keinen Haarschnitt. Er sah aus wie der junge Sindbad, wenn auch ungewaschen und von allen guten Geistern verlassen.
Sie bestellte sich einen Obstkuchen und wollte dazu frischgepreßten Orangensaft. Die Kellnerin wußte nicht, ob sie lachen oder die Dame gleich erschießen sollte. Ich lachte.
Der flackernde Blick der Dame sagte mir, daß ich etwas falsch gemacht hatte.
„Sie haben doch eine Brille, wie können Sie da die 'Bild' lesen?"
Ich wollte sie nicht über Kracauer aufklären und konterte:
„Ich betrachte nur die Bilder."

„Was machen Sie denn beruflich?“
„Ach, das wäre eine lange Geschichte.“
„Ich habe heute Zeit, weil Esaus Papa wieder nach Somalia mußte.“
„Interessant.“
„Ja, was sagen Sie denn dazu? Esaus Papa hat uns einfach verlassen.“
Frauen, dachte ich, Frauen wie diese - kenne ich doch eigentlich nur aus ‘frauenfeindlichen Magazinen’.
„Oh, warum denn nur?“
„Er hat jetzt eine andere, so eine dumme Kuh, so eine Lügnerin, eine Schlampe, eine... ja, Esauchen, du darfst rüber zu den anderen Kindern, aber leck erst deinen Teller ab.“
Esau rannte davon und nahm den Teller mit.
„Was ich Sie fragen wollte: was machen Sie beruflich?“
„Momentan höre ich zu, später lese ich wieder und noch später gehe ich in meinen Garten und zähle die Regenwürmer.“
„Ist das ein Beruf?“
„Ja, ich bin halbstaatlich geprüfter Regenwurmzähler.“
„Ach was, ich habe auch ein Diplom.“
„Beeindruckend.“
„Ja, ich bin Sozialtherapeutin.“
„Doll.“
„Eigentlich bin ich, ich heiße übrigens Charlotte, manche nennen mich Lotti, hierher gekommen, um zu überlegen...ob, ob...
„Ob Sie nicht springen sollten, der Goetheturm ist nicht hoch genug.“
„Das habe ich mir auch gedacht.“
„Ich habe einen Revolver in meinem Haus. Wir können

jetzt aber 'du' sagen."
„Du hast einen Revolver?"
„Ja, ich biete den des öfteren Damen an."
„Hat ihn schon jemand benutzt?"
„Du darfst die erste sein."
„Das wäre... das ist doch makaber."
„Komm doch einfach mit, du kannst es dir ja dann immer noch überlegen.
„Esau, Esau! Wir gehen."
Sie nahm den kleinen Jungen an der Hand und wir gingen die paar hundert Meter hinunter zum Blockhaus. Ich schloß das Gartentor auf und sagte zu Esau: „Da hinten links hinter dem Komposthaufen ist meine Regenwurmsammlung." Er rannte begeistert los und Lotti meinte: „Er mag Würmer sehr, er hat nämlich oft selber welche und ich auch." Mir wurde leicht unwohl, denn ich hatte noch keinen Menschen getroffen, der Würmer mochte, aber vielleicht glaubte dieses seltsame Wesen ja wirklich, daß ich Regenwurmzähler sei und wollte mich beeindrucken. Sie fuhr fort: „Wir haben nur eine kleine Wohnung und kein Bad und im Sommer haben wir immer Mehlmotten, ach, sind die niedlich. Kakerlaken haben wir das ganze Jahr, aber die mag ich nicht so sehr. Gestern wollte ich renovieren, da ist mir ein Splitter ins Auge gekommen und da habe ich es sein lassen. Komisch, seit zehn Jahren will ich schon renovieren und jedesmal passiert mir etwas."
Mir wurde immer unwohler: „Der Revolver ist im Haus." Sie reagierte nicht. „Wir züchten Hasen, haben schon sechzehn Stück und das in einer 20 qm Wohnung, was sagste dazu?"
„Ich bin gerührt."

„Ja, ich habe viel von Mendel, Lorenz und Freud gelesen und da dachte ich, ich müßte mal Hasen züchten."
„Ich wußte gar nicht, daß die Herren Hasenzüchter waren."
„Nein, aber man muß doch wissen, ob so alles stimmt und Marcuse hat immer gesagt... oder war es Adorno... oder Abendroth... oder..."
Sie verfiel in tiefes Nachdenken. Esau kam, einen Regenwurm schwenkend, angelaufen: „Mami, Mami, so große Würmer haben wir aber nicht."
„Nein, wirklich nicht, aber wenn wir mal einen richtigen Bandwurm bekommen... ich glaube, die sind noch länger."
Ich holte den Revolver aus dem Blockhaus und spielte damit herum. Sie ignorierte es. „Was wollte ich doch noch sagen... ach ja, Adorno... oder Marcuse ... nein, Mitscherlich, ja Mitscherlich hat immer gesagt..."
Esau fragte: „Mami, darf ich den Wurm essen?"
„Natürlich, aber mach ihn dir erst warm... hast du einen Grill?"
Ich nickte, legte den Revolver beiseite und zündete den Grill an. Esau holte noch ein Dutzend weiterer Würmer und die beiden begannen mit den Essensvorbereitungen. Ich holte eine Flasche Chianti aus dem Kühlschrank und stellte Gläser hin: „Wurm muß schwimmen."
„Genau", sagte Lotti, „ich trinke eigentlich nie Alkohol, höchstens mal ein Pikkolöchen am Morgen oder zwei, wegen des Kreislaufs, ich habe nämlich mal eine Eisschorle auf den Kopf bekommen...." „Schorle?"
„Ja, da ist so ein Eiszapfen vom Dach direkt auf mich gefallen...Parkinson... nein, Murphy sagt doch immer...

was ist denn das für ein Wein?"
„Chianti."
Sie goß sich das Glas voll, dann noch mal und noch eins. Ich sagte: „Die Guttempler sagen immer: darauf noch einen Blaukreuzler", und holte folgerichtig eine Flasche Malteser aus dem Kühlschrank. Wir teilten uns den Inhalt der Flasche und natürlich fand ich Lotti danach nicht mehr ganz so häßlich. Ein wenig störend war Esaus Geschmatze, aber dagegen half die Stereoanlage. Lotti nahm die Brille von ihrem Kirschkernkopf und blinzelte in die Sonne.
„Also Horkheimer, der sagte immer... Esau, schmatz doch nicht so... und Heidegger, der irrte als er sagte... hast du noch was zu trinken?"
Ich holte eine weitere Flasche Malteser und wir tranken weiter.
„Ach ja, ich habe eine Freundin, die wollte über Rosa Luxemburg promovieren, weil die immer sagte... was sagte die noch gleich? Meine Freundin jedenfalls sagte immer: Das kostet extra, wenn ich mit dir rede, sonst geht es mir links und rechts am Arsch vorbei."
Sie brach in ein irres minutenlanges Gelächter aus.
„Jeden Tag muß ich die Hasenställe saubermachen, ist das nicht furchtbar? Na, nicht gerade jeden Tag, immer nur, wenn es stinkt. Häschen sind ja so niedlich und rammeln tun die, rammeln... da muß ich immer an Esaus Vater denken... das war einer. Genau so einer, aber nur in den ersten drei Tagen...dann..."
Unvermittelt begann sie zu weinen. Esau versuchte, sie mit einem gut durchgebratenen Wurm zu trösten. Es half.

„Jung, es kann auch Adler gewesen sein, sagte immer... man soll die Feste feiern, wie man fällt.“
„Ach ja?“
„Glaube schon.“
Sie trank ihren Malteser mit verklärtem Blick, der Alkohol hatte auf sie keine erkennbare Wirkung. Es gibt halt Menschen, die ‘naturstoned’ sind. Ich gehöre leider nicht dazu, bei mir zeigte der Schnaps Wirkung.
„Da hinten ist die Badehütte. Wie wär’s, wenn du dich frisch machst und wir ein bißchen Hasen spielen?“
„Badehütte, was ist denn das?“
„Da gibt es Wasser und so.“
„Toll.“
Sie trollte sich, und Esaus Schmatzen wurde wieder lauter.
„Ich habe auch noch Schnecken“, sprach ich ihn an. Es beindruckte ihn wenig: „Ich habe Würmer lieber.“
Lotti kam zurück.
„Wohnst du immer hier draußen?“
„Nein, ich habe noch eine Wohung in der Stadt, denn Goethe sagte immer: Wer nur einen Wohnsitz hat, der ist ein armer Tropf.“
„Goethe habe ich nie gelesen, der hat keine wissenschaftliche Bedeutung. Habermas dagegen...“
Ich unterbrach: „Apropos Hasen... im ersten Stock steht ein Futonbett, willst du es dir nicht mal anschauen?“
„Gerne.“
Ein paar Minuten später lagen wir nebeneinander, und ich staunte über ihren völlig tittenlosen Körper. Dennoch regte sich bei mir etwas und ich versuchte, in sie einzudringen. Es mißlang.

„Was ist los? Bist du zugewachsen oder was?“
Sie stierte mich an: „Oh, ich hab’ vergessen, mein Tampon herauszunehmen.“
Jetzt war es an mir, in irres Gelächter auszubrechen.
Lotti war beleidigt: „Das kann doch jedem mal passieren.“
„Jedem, ja besonders jedem“, ich konnte nicht mehr.
Lotti wurde noch ungehaltener: „Selbst Amendt...“
„Du weißt, wo der Goetheturm ist? Für dich ist er bestimmt hoch genug.“
Sie ging zur Tür hinaus und schmetterte mir ihre Abschiedsworte ins Gesicht: „Dich hätte ich eh nicht lieben können, du hast kein einziges Mal Adorno zitiert.“

Ein Nachruf

Sie saß in einem kleinen Bistro im Frankfurter Nordend und hatte offensichtlich schon schwer geladen. Sie schrieb hastig in einen großen Terminkalender, doch Termine waren das sicher keine.
Plötzlich stand sie auf und kam zu Harrys Tisch:
„Ihr seid doch Künstler?"
Benno nickte. Dieter schaute angestrengt in sein Bier, und Harry lachte.
„Ich darf mich doch zu euch setzen?"
Harry nickte.
Sie setzte sich.
„Ich such' jemand, der meine Memories, meine Erinnerungen aufschreibt, ich zahle auch."
Benno ging an die Bar, Dieter ihm nach.
„Wie heißt du denn?" fragte Harry.
„Ingrid, und du?"
„Harry."
„Harry, Harry, Harry."
Sie lachte, bis endlich die zwei Tequila vor uns standen.
„So ein blöder Name."
„Sicher, um was geht es denn?"
Sie hob ihr Glas:
„Ich möchte eigentlich meinen Nachruf geschrieben haben."
„Bei Vorauskasse gerne, was haben Sie denn so gedacht?"
„Ich habe keine Brust mehr."
Sie heulte und lachte zugleich, besser: sie tat es abwechselnd.

Harry sagte nichts.
„Hier“, sie zeigte ihren Kalender, „steht alles drin.“
„Aber dann braucht es doch niemand mehr zu schreiben.“
„Ich will mit jemand darüber reden... wären 3000 Mark okay?“
„Sicher. Für's Reden sind Psychologen auch nicht billiger.“
„Du nimmst mich nicht ernst.“
Wieder begann sie zu weinen und orderte noch zwei Agavendrinks.
Harry, auch nicht mehr ganz nüchtern, gab ihr seine Karte und sagte, daß sie sich am nächsten Tag unterhalten sollten.
Sie rief um 9 Uhr an, und sie verabredeten sich in der Bockenheimer Einkaufspassage.
Statt im Cafe fand er sie in der Boutique nebenan. Als er eintrat, sagte sie gerade zur Verkäuferin:
„Ich habe Krebs. Kriege ich Rabatt?“
Die Verkäuferin wußte nicht, was sie sagen sollte, also sagte sie:
„Wenn Sie bar zahlen, kann ich Ihnen 3% Skonto geben.“
Sie zahlte und kam dann auf Harry zu.
Sie gingen in ein kleines Cafe, und nach der dritten Tasse Irish Coffee hatte er alles über ihre sieben Krebsarten und ihre verbrecherischen Ex-Ehemänner erfahren. Hier konnte auch kein Psychiater mehr helfen, höchstens verdienen. Harry schrieb die 3 000 Mark im wahrsten Sinne des Wortes ab, als ihm eine Idee kam. Ingrid hatte gerade erwähnt, daß sie keine Freunde habe, als ihm einfiel, daß er noch drei Damen

ähnlicher Couleur und ähnlichen Geisteszustandes zu seinem Bekanntenkreis zählen durfte. Es müßte ein leichtes sein, die vier zusammenzubringen, und daraus ließe sich wahrscheinlich ein absurdes Hörspiel basteln.
„Ich darf doch einmal telefonieren", fragte er höflich, „ich habe ein paar Bekannte, die sicher interessiert daran sind, dich kennenzulernen."
„Oh, das wäre toll, ich bin ja so einsam."

Er rief Annette an. Die Dame war seit zwanzig Jahren arbeitslos und hatte den lieben langen Tag nichts anderes zu tun, als zu telefonieren und Interviews für ein bekanntes Meinungsforschungsinstitut zu fälschen. Kringeln nannte sie diese Beschäftigung, die ihr zur unrechtmäßig bezogenen Arbeitslosenhilfe ein ebenso unberechtigtes Zubrot einbrachte. Harrys Gefühle zu ihr schwankten zwischen Verachtung und Bewunderung, wobei die Verachtung bei weitem überwog. Außerdem war Annette Alkoholikerin im vorletzten Stadium, ebenso wie Liz und wahrscheinlich auch Ingrid. Charlotte hatte zwar auch ein immenses Alkoholproblem, was aber aufgrund ihrer Debilität nicht weiter ins Gewicht fiel.
Annette nahm sofort den Hörer ab, sehr ungewöhnlich, denn wenn sie nicht telefonierte, schlief sie ihre Räusche aus: mindestens drei pro Tag.
„Ich wollte dich auch gerade anrufen, ich habe dich für Schweizer Käse interviewt, falls Rückfragen kommen."
„Ja, ja ich weiß, daß ich jede Woche interviewt werde. Hast du Zeit?"
„Kommt darauf an."
Sie war noch relativ nüchtern.

„Ich habe hier eine einsame, leicht verstörte Frau, die gerne ein paar Leute kennenlernen würde, und ich dachte, daß du dein Fälschungspotential an Interviewpartnern erweitern könntest."
„Kann ich immer brauchen."
„Vielleicht solltest du noch Charlotte und Liz anrufen, dann machen wir eine kleine Party. Ich bringe auch Wodka und Apfelwein mit."
„Unter diesen Umständen: ja, aber nur, wenn du mindestens zwei Flaschen Wodka mitbringst."
„Einverstanden, wir sind in einer Stunde bei euch."
„Laßt euch Zeit."
„Okay."
Wie sollte er nur diese Stunde überbrücken?
Er setzte sich wieder zu Ingrid:
„Die alten Mädels werden dir gefallen. Sie trinken alle so gern wie du, und keine Krankheit ist ihnen fremd."
„Interessant."
„Ja, Liz wurde von ihrem Ex-Mann aus einem Fenster im dritten Stock geworfen und hat seitdem keine Kopfschmerzen mehr; Charlotte wurde in ihrer Jugend von einem Schneeball am Kopf getroffen und hat seitdem immense Sprachschwierigkeiten, und Annette ist im Suff so oft auf den Kopf gefallen, daß sie gar nicht weiß, ob sie noch einen hat."
„Du willst mich verarschen."
„Wirklich nicht, so eine Menagerie kann man nicht erfinden, die gibt es wirklich. Du wirst es bald sehen. Vorher müssen wir aber noch einkaufen. Wodka, Bier, Apfelwein."
„Prima, und Cognac und Tequila."
„Schön, gehen wir."

Eine knappe Stunde später klingelten sie an Annettes Haustür. Es dauerte immer einige Minuten, bis sie öffnete, weil der Wodka ihre Motorik auf Zeitlupe und Fallsucht getunt hatte. Es klirrte und schepperte hinter der Tür, Ketten wurden entriegelt; dann stand Annette in ihrer ganzen Schönheit vor ihnen. Sie war ungefähr 1,60 m klein, und man sah selbst durch den Pullover, daß ihr Busen bis zur Mitte des Körpers hing. Harry hatte solcherlei nur in Schwarzafrika gesehen. Ihr Gesicht war aufgedunsen und von roten Adern durchzogen, Arme und Beine nicht dicker als mittlere Bambusstäbe. Liz räkelte sich bereits auf einem Plastikstuhl. Sie war ebenfalls aufgedunsen, aber in der Art von Schweinchen Dick. Sie grinste über alle vier rosa Backen und nippte an einem großen Glas Wodka. Charlotte dagegen sah aus wie Twiggys abgemagerte Schwester, nur noch viel häßlicher. Ihr Kopf nur noch Stecknadelformat, denn die Arme litt an Kiefer- und anderen Schwünden. Sie labte sich an einem 'Pikkolöchen' und hatte ihren unsäglichen und unvermeidbaren Sohn mitgebracht. Sie war fast rund um die Uhr auf Männerjagd, doch seit sieben Jahren war ihr keiner mehr ins Netz gegangen, dafür sorgte nicht zuletzt ihr Sohn, mit dem sie sprach wie eine Gottesanbeterin mit ihrem Männchen. In der Uni-Kita liefen Wetten, zu welchem Zeitpunkt der Kleine seine Mutter umbringen würde. Es ging nur um den Zeitpunkt, denn daß er es tun würde, war allen klar, die die beiden kannten. Harry stellte die Damen einander vor, sie waren alle zwischen 40 und 50, während er die Getränke vor Liz strahlenden Augen auspackte.

„Der Abend ist gerettet“, säuselte sie mit einer Stimme, die von einer zu schnell abgespielten Schellackplatte zu kommen schien. Annette räumte die Alkoholika so schnell es ging weg, und Harry wußte, daß sie die Hälfte davon in eines ihrer Verstecke bringen würde, um sie alleine zu konsumieren.
Harry angelte nach einer Zigarette, die Packung lag unter Nüssen auf einem Flohmarktresopaltisch, den eine schmutzige Decke mit Dutzenden Brandlöchern nur unzureichend bedeckte. Annette rief: „Hey, das kostet aber extra.“ Einer ihrer zwölf Standardsätze, über die hinaus so gut wie keine Kommunikation möglich war. Sie lebte, wie all die anderen, in und von ihrer Vergangenheit. Bis vor zehn, zwölf Jahren hatte sie noch einigermaßen akzeptabel ausgesehen, und entsprechend war ihr Männerverbrauch gewesen, aber selbst zu dieser Zeit war sie meist zu betrunken gewesen, um Zahl oder Namen derjenigen festzuhalten, die das zweifelhafte Vergnügen mit ihr hatten. Kolportiert wurde eigentlich nur noch ihr letzter Coup, bei dem sie es mit der Besatzung eines ganzen sogenannten Künstlerhauses getrieben haben sollte. Und selbst wenn Harry nur die Hälfte glaubte, waren fast alle, vom Hausmeister über den Wirt bis zum letzten Thekengast mit ihr zugange gewesen. Harry hatte es nach seiner Scheidung vor zehn Jahren auch einmal versucht, aber festgestellt, daß selbst Kühlschränke mehr Wärme und Zärtlichkeit verströmen als Frauen, bei denen es nicht einmal ganz zur Nymphomanin gereicht hatte.
Ihre „Ma - mas - Rufe“ klangen ihm noch im Ohr, und er schüttelte sich, während er zwanzig Pfennige für die Zigarette unter die angeschimmelten Nüsse schob. Die

Wohnung roch nach Moder, Krankheit und Tod.
Auch mit Liz hatte er einmal im Bett gelegen, und es war keine Entschuldigung, daß er mindestens drei Promille hatte. Sie hatte versucht, eine Taube zu imitieren, und Harry hatte nur noch daran denken können, daß dies sicher mit ihrem Flug aus dem Fenster zusammenhängen mußte. Witzigerweise war ihr Ex-Mann nur einige Tage später selbst aus dem Fenster gesprungen, um sein schlechtes Gewissen zu beruhigen. Auch er hatte fast unverletzt überlebt, und sein Geisteszustand war nicht anders als zuvor.
Charlotte war nur eine Lachnummer gewesen, weil sie einfach alles vergessen hatte, was sie jemals über Sex gewußt hatte, falls sie es jemals wußte. Sie hatte bloß geredet, unaufhörlich die paar Sätze, die sie noch formulieren konnte, rezitiert.
Er schüttelte sich wieder.

Gerade sagte Ingrid zu Liz:
„Du bist doch auch alleinerziehende Mutter... hat Annette erzählt... bist du auch so überfordert?“
„Grum, häh?“
„Mein Kind will nichts mehr von mir wissen“, schluchzte Ingrid.
„Häh, ah, ich, hast du noch Schnaps?“ fragte Liz.
Harry schenkte nach.
Und Charlotte fuhr fort:
„Ich habe andauernd Ärger mit Esaus Papa, weil der das Sorgerecht will, gell, Esauchen?“
„Ich habe Hunger.“
„Gleich, Esauchen.“
„Grüm, äh, der Schnaps ist gut,“ konstatierte Liz, und

Harry schenkte nach.
Annette versuchte eine verschimmelte Nuß zu öffnen, und Charlotte meinte:
„Eigentlich bin ich diplomatierte Alleinerzieherin, mein Doktorvater hätte der Dings, ihr wißt ja, sein sollen. Aber ich mußte mich ja so intensiv um Esau kümmern. Kinder brauchen ja soviel Zuwendung, und dann hatte ich ja noch meine Anorexia nervosa, und mein Therapeut hatte so wenig Verständnis, der sagte immer: Rede doch mal über was anderes als deinen Alltagskram. Dabei gibt es nichts Wichtigeres, weil der Alltag doch der Alltag ist."
„Grüm, grum genau", stimmte Liz zu und rülpste.
Annette legte die Nuß nach diversen hoffnunglosen Versuchen wieder zurück und fragte:
„Wer möchte etwas von meinem Linseneintopf?"
„Aus welchem Jahr ist der denn?" wollte Harry wissen.
„Der ist ganz frisch, Norbert hat noch letzte Woche von ihm gegessen, ich mach das bißchen Schimmel runter, wenn's dich stört, Eintopf schmeckt erst nach ein paar Mal aufwärmen."
„Esau liebt Linseneintopf, er kann nur nicht leiden, wenn Mehlmotten drin schwimmen, dabei haben Ernährungswissenschaftler festgestellt, daß nur Insekten das Leben der Menschen sichern können. Esaus Vater hat immer gesagt, daß Strohschnecken gut schmecken."
„Heuschrecken, hat er gesagt, und ich will lieber einen Hamburger", stellte Esau richtig.
„Jetzt gib doch deinem Jakob endlich einen Burger, hinterm Haus ist doch das 'drive in'. Harry meinte es mal wieder gut.

„Ich kann nicht ins ‘drive in’, ich habe gar kein Auto.“
Harry griff nach Liz Schnaps und fragte Charlotte:
„Hast du dir jemals überlegt, die deutsche Sprache neu zu schreiben?“
„Natürlich, ich habe ja auch Germanistik studiert, aber als alleinerziehende Mutter ist man ja ständig überfordert.“
„Aber du hast doch nie in deinem Leben gearbeitet.“
„Ich, hah, ich arbeite mehr als alle zusammen. Gestern zum Beispiel mußte ich einen Brand in meiner Küche löschen, weil das Telefon auf dem Grill gestanden hatte, und vorgestern hat Esauchen vergessen, sein Entchen aus der Sitzbadewanne zu nehmen, und das Wasser lief bis zum ersten Stock.“
„Runter oder rauf?“
„Ich weiß nicht, aber mein Nachbar, ein sehr gut aussehender Franzose, ein blonder Franzose, was sagt ihr dazu? Also, der hat geläutet, und dann hat so eine blöde Kuh die Feuerwehr angerufen, aber die hab ich nicht in die Wohnung gelassen, weil sonst Esauchens Hasen weggelaufen wären, wir haben jetzt ja 36 Häschen...“
„Ja und jedes hat eine eigene Mehlmotte, ich will jetzt endlich einen Hamburger.“
„Ach Esau, das sind doch keine Mehlmotten, die Häschen haben Flöhe und Läuse, aber niemals Motten, die Motten gehen doch nur an unseren Ökoreis, weil der so gesund ist.“
„Grum, grüm, ich habe nur Kakerlaken, weil mein Freund den Müll nie runterträgt, vierundzwanzig Säcke stehen jetzt schon im Flur. Ich versteh das nicht.“
„Komm Esau, wir gehen jetzt ins ‘drive in’ und essen Hamburger.“

Harry meinte es schon wieder gut, und Charlotte stellte fest: „Sowas Ungesundes zahle ich aber nicht."
Kaum waren die beiden zur Tür hinaus, sagte sie:
„Der Mann muß ja unheimlich viele Probleme haben."
„Genau, und vielleicht treibt er es auch mit, grum, grüm Kindern wie dieser Mike Jackson; mein Ex-Mann wollte immer mit kleinen Mädchen, da hab ich mir einen Schulranzen aufsetzen müssen, grum, grüm das war 'nen Ding."
„Also mein Mann, Esauchens Vater, der hat überhaupt nur zweimal mit mir geschlafen, der war immer rastlos."
Annette meldete sich: „Du meinst wohl lustlos. Der wollte nicht, weil du andauernd Würmer hast, die bei dir aus allen Öffnungen hervorkriechen."
„Das mußt gerade du sagen, bei deinem ständigen Durchfall und dem Gefurze."
„Grüm, grum, wenns Arschl brummt, ist's Herzl gesund. Ich hab heut nen Durscht."
„Ihr beide habt ja so Alkoholprobleme."
„Ich aber nicht, ich trinke fast nie, son bißchen dann und wann, und wenn ich nicht den vielen Krebs hätte, dann würde ich nie... nie."
„Du hast doch was von Linsen gesagt, mach die doch mal warm, wenn der komische Kerl jetzt mit meinem Sohn Hamburger ißt, muß ich auch was haben."
„Genau, wir essen jetzt alle was. Ich muß nur schnell den Schimmel abschöpfen, oder das kostet extra."
„Grüm, grum ich will mit Schimmel. Ich mag Pferde."
„Ich hab auch schon überlegt, ob ich Esau nicht auf einer Pferdeakademie anmelde. Pferde sollen ja so klug sein."

„Ich war nie in einer Reitschule. Da kann man so leicht vom Pferd fallen.“
„Ach ja, Schule heißt das. Es klingt so unakademisch; in einem hat Harry recht; ich sollte wirklich einen neuen Duden schreiben, aber als alleinerziehende Mutter ist es schwer; wie dick ist eigentlich so ein Duden?“
„Fast so fett wie Liz. Hier bitte einmal Suppe mit und zweimal ohne Schimmel.“
„Schmeckt gut, ist bestimmt aufgewärmt.“
„Ja, mindestens fünfzehnmal.“
„Toll, wie lange du alles aufheben kannst.“
„Ich hab glücklicherweise keine Kinder.“
„Du weißt nicht, was du sagst, das Glück dieser Erde liegt auf dem Rücken der Kinder.“
„Du denkst ja schon wieder an Jackson.“
„Wieso? So heißt es in der Volksschnauze.“
„Der Schimmel ist ja blau, ich dachte immer, Schimmel ist weiß und der Rappe schwarz.“
Harry kam herein und Esau brüllte:
„Geil ey, Hamburger sind geil.“
Und Harry, der den letzten Satz gehört hatte, fügte an:
„Blauer Schimmel ist wertvoller, ihr müßt nur an die blaue Mauritius denken.“
„Grum, grüm er hat recht, es ist ja auch sauteuer, blau zu werden...
"Oder blau zu machen."
„Guck mal, Mami, was der Mann im ‘drive in’ mir geschenkt hat.“
Esau zog ein Plastikmesser und rammte es seiner Mutter in den Magen. Es ging durch wie Butter. Ohne ein weiteres Wort sank sie vom Stuhl.
„Grum, grüm ich habe noch nie jemand durch ein

Plastikmesser ermordet worden gesehen oder?“
„Der Schimmel“, stöhnte Ingrid und fiel fast gleichzeitig mit Annette und Liz unter den Tisch.
„So ist es“, meinte Esau altklug, „Schimmel hat Wurzeln, da nützt es nix, ihn nur abzukratzen.“
Harry blickte in vier gebrochene Augenpaare und sagte zu Esau:
„Perdu, perdu.“
„Gell, die sind doch jetzt alle tot?“
„Sagen wir so: sie schlafen jetzt auf einem anderen Niveau.“
„Aber ich brauch doch nie wieder Mehlmotten zu essen.“
„Nie wieder, du bist jetzt eine alleinerziehende Waise, sofern dein Vater sich nicht einmischt.“
„Ist egal, ich weiß Annettes Rezept für Linsensuppe.“